COUP D'OEIL

OPINIONS POLITIQUES

EN FRANCE.

PARIS. — DE L'IMPRIMERIE DE RIGNOUX,
RUE DES FRANCS-BOURGEOIS-S.-MICHEL, N. 8.

COUP D'OEIL

SUR LES

OPINIONS POLITIQUES

EN FRANCE.

Par Al. C...

PRIX : 75 CENTIMES.

A PARIS,

CHEZ TOUS LES MARCHANDS DE NOUVEAUTÉS;

ET CHEZ CORBY, LIBRAIRE,

RUE MACON-SAINT-ANDRÉ-DES-ARTS, N° 8.

1831.

COUP D'ŒIL

SUR

LES OPINIONS POLITIQUES EN FRANCE.

Homme nouveau, étranger à toutes les coteries, n'attendant rien d'aucun gouvernement, j'ai voulu me ranger sous une des bannières qui rallient ou plutôt qui divisent en ce moment les Français. J'ai interrogé, j'ai écouté, j'ai médité, et après un mûr examen, j'ai été plus indécis qu'avant, plus irrésolu que jamais; car chacun, défendant chaudement le drapeau qu'il avait adopté, m'opposait tous les argumens en faveur de sa cause, n'écoutait pas ou feignait de ne pas entendre les raisonnemens qui pouvaient le réfuter, et concluait victorieusement que lui seul et ses amis avaient raison.

Ne pouvant m'éclairer ainsi, je pris le parti de ne consulter que mon amour pour mon pays, de n'écouter qu'une voix, celle de ma conscience. Déposant toutes préventions, exempt de partialité, je passai en revue les différentes nuances d'opinions qui règnent en France depuis notre belle Révolution.

On peut classer ainsi tous les Français : 1° les Républicains, 2° les Carlistes, 3° les Bonapartistes, 4° les Actualistes [1]. Ces quatre grandes branches de notre esprit politique se subdivisent encore en de nombreux rameaux; nous allons tâcher de les définir clairement.

J'ai placé en tête les partisans de la République, parce que ceux qui professent cette opinion de bonne foi me paraissent les plus estimables : ils se trompent, ils s'abusent, mais leur erreur est noble et respectable. J'ai dit leur erreur, je vais m'expliquer : en théorie, rien de plus simple, de plus beau

---

[1] J'ai cru devoir adopter ce mot pour désigner les amis de l'ordre actuel, et qui néanmoins ne sont pas tous partisans exclusifs de Louis-Philippe ou de son ministère.

que la République; en pratique, rien de plus difficile, rien de plus dangereux. On a dit avec raison que, pour être républicains, nous étions trop jeunes ou trop vieux, trop peu avancés dans notre éducation constitutionnelle, trop corrompus dans nos mœurs, ou si l'on veut trop civilisés..... En vain l'on nous oppose les États-Unis, la Suisse et d'autres pays, aucun de ces États ne peut se comparer à la France : les uns sont situés dans un monde neuf, étranger au luxe, isolés des gouvernemens absolus, propres à recevoir l'impulsion qu'un chef habile sait leur donner. Les autres, par leur situation géographique, semblent n'avoir que ce moyen de conserver leur indépendance, et même leur existence politique; trop peu étendus pour former un royaume, leurs habitans deviendraient les vassaux d'un voisin plus puissant. Chez ceux-ci, comme chez les premiers, d'ailleurs, le luxe est presque inconnu, et pour ainsi dire impossible; inutile à leur bonheur, il n'a point corrompu leur ame.

Les hommes généreux qui ne voient sous un régime républicain que plus d'égalité, plus de liberté, et par conséquent plus de bonheur pour leur patrie, ne réfléchissent pas que nul système de gouvernement n'offre plus de carrière aux passions ambitieuses. Dans un pays où le mérite seul fait parvenir, chacun croit en avoir plus que les autres, et pour y suppléer, on emploie tous les moyens que suggère l'intrigue. Lorsque la première place peut être occupée par tout le monde, on s'y précipite avec ardeur, et pour y arriver, tous les moyens sont bons; peu importe le bonheur de ses concitoyens à l'ambitieux qui veut les gouverner.

Sans jeter un regard sur les temps trop reculés, on doit être effrayé en songeant qu'au lieu d'un despote que nous trouvons presque toujours dans un Roi, la République nous imposerait une foule de tyrans subalternes, d'autant plus dangereux, qu'ils ne peuvent se maintenir au pouvoir que par la violence et la terreur. Disons-le franchement, le jour où, la main sur la conscience, tous les citoyens pourront en désigner un pour les gouverner, ce jour-là, nous serons dignes d'avoir une république. Mais lorsque nous ne pouvons trouver un bon ministre, vouloir choisir dans nos rangs un maître pour présider aux destins dela France, c'est un beau rêve, mais ce n'est que cela.....

A la tête du parti républicain, nous voyons briller avec éclat les disciples de nos écoles ; cela est naturel, encore pleins de l'étude de l'histoire ancienne, des philosophes de l'antiquité, surtout de l'histoire de notre révolution, ils rêvent le rétablissement d'un ordre de choses qui n'a pu résister aux atteintes du temps, et qui plus tard n'a pu se réaliser, même en employant les moyens les plus violens.

Ces jeunes hommes, écoliers sans vocation ou sans but arrêté, avides d'émotions, cherchent avec ardeur un avenir inconnu ; mais embrassant bientôt une carrière dans laquelle ils peuvent acquérir une gloire solide et durable, ils deviennent des citoyens paisibles et modérés, parce qu'ils placent le bonheur dans la conservation de ce qu'ils possèdent et dans le repos de ce qui les entoure.

J'ai dit que chacune de ces opinions se subdivisait en nuances infinies : après les hommes généreux et de bonne foi dans leur erreur, arrivent les ambitieux, qui, sans fortune, sans talens dans l'art auquel ils se destinent, espèrent toujours qu'un bouleversement politique les placera dans une position à laquelle ils ne sauraient prétendre dans des temps de calme. On pourrait classer dans cette catégorie, ces individus habitués à profiter de tous les changemens, prêts à se jeter sur les emplois et les dignités, comme sur une proie, et qui, déçus dans leur espoir, se rangent entre les adversaires du gouvernement qui a trompé leur attente.

Je crois que le plus grand obstacle à l'établissement de la République en France, est dans l'antipathie de toutes les classes de la société pour ce genre de gouvernement, et dans le froissement des intérêts matériels des dix-neuf vingtièmes de la population. Les sommités sociales, c'est-à-dire les nobles, le haut clergé, les pairs, les généraux, enfin tous ceux qui jouissent de quelques priviléges, n'auraient qu'à perdre à ce nouvel ordre de choses, qui détruirait leurs titres, leurs dignités et souvent leur fortune ; la classe moyenne, comprenant les propriétaires, les capitalistes, les artistes, les commerçans ; ne gagnerait rien à ce changement, et perdraient individuellement, puisqu'il est bien prouvé que nul gouvernement n'est plus nuisible au luxe, et par conséquent aux arts et au commerce. Enfin, la dernière classe, qu'on nomme à tort exclusivement le peuple, en souffrirait aussi, puisque, entièrement composée d'industriels, d'ouvriers, de cultivateurs, de domestiques, le luxe et le commerce sont la source de leur prospérité.

Je n'ai point parlé de ces vils renégats, qui croient effacer la honte d'avoir été les partisans d'une dynastie abhorée, en se couvrant du manteau républicain ; ou plutôt qui espèrent ramener leurs infames patrons, à la suite d'une guerre civile excitée entre leurs concitoyens. Ces lâches auxiliaires seraient repoussés avec indignation par les républicains de bonne foi, si ceux-ci n'étaient pas en trop petit nombre, isolés de leurs faux amis.

Enfin, ferai-je remarquer que les vétérans de la liberté, ceux qu'on regardait comme l'image vivante de la République, se sont prononcés les premiers en faveur de notre nouveau gouvernement, et ont proclamé sa supériorité sur la République même, ce rêve de toute leur vie.

En m'apprêtant à attaquer les Carlistes, je crains de ressembler à ce ridicule héros qui combattait des moulins à vent. Il y a si peu de sympathie en France pour la famille déchue, le nombre de ses partisans est si petit, qu'on est honteux d'entrer en lice avec d'aussi faibles adversaires ; néanmoins leur témérité incroyable empêche qu'on les oublie, comme ces insectes dangereux qu'un souffle suffit pour détruire, mais contre lesquels il faut se tenir en garde.

La branche aînée des Bourbons, composée des derniers rejetons d'une famille usée par huit siècles d'absolutisme, dénationalisée par son long séjour chez les peuples étrangers, regardait la France comme un pays conquis. Loin de chercher à nous faire oublier qu'elle fut replacée sur le trône par les baïonnettes étrangères, elle semblait nous menacer sans cesse d'appeler sur nous les calamités d'une troisième invasion.

Né au milieu d'une cour corrompue, éloigné de sa patrie par la vengeance du peuple, élevé chez les ennemis de sa nation, Charles X ne ressentait aucune affection pour ses sujets ; il ne faisait rien pour mériter leur amour, et se montrait bien plus soigneux de conserver l'appui de ses alliés. Cette monstrueuse position l'entraînait à sacrifier les intérêts, l'honneur et la gloire de la France. Un seul bien pouvait remplacer tous les autres, c'était la liberté : Charles X recula devant elle, sa chute devenait inévitable, il succomba.

Le prince qui fut chassé trois fois par les Français, ne pourrait encore revenir qu'en ramenant avec lui tous les fléaux de la guerre. Si nous succombions, et qu'il parvînt à remonter sur le trône, il ne pourrait s'y maintenir ; car il aurait à combattre, plus que jamais, la haine de tous ses sujets, rendue plus légitime encore par de nouveaux malheurs. Remarquons en passant que le duc de Bordeaux se trouve tout-à-fait dans la même position, et que, par une coïncidence extraordinaire, il commence sa carrière comme son aïeul.

Après les fautes et les crimes de la branche aînée des Bourbons, il semble inconcevable qu'elle ait encore des défenseurs ; examinons donc quels sont ceux qui peuvent se constituer ses champions : Nous devons le dire à regret ; en tête de cette faction, nous voyons les membres d'un clergé turbulent et incorrigible, voulant toujours intervenir dans les affaires temporelles et élever l'autel sur le trône ; avouant imprudemment que leur religion ne peut triompher que par l'ignorance et l'esclavage. Favorisés par une cour bigote et superstitieuse, sur laquelle ils régnaient en despotes, ces fougueux et vindicatifs ministres d'un Dieu de paix et de clémence, nourrissent dans leur cœur l'espoir de la vengeance, et veulent rendre le peuple complice de leurs basses passions.

J'aurais dû parler d'abord de cette poignée de vieux serviteurs, qui s'attachent par leurs propres services, qui aiment

par habitude d'aimer, et qui croient leur dévouement hérédi-
taire comme la prérogative royale. Pour eux les vertus politiques ne sont rien, les moindres qualités privées dans un
prince les enchantent, et ils regarderaient comme un crime
l'examen de la conduite d'un monarque; il est roi, et dès lors
il a des titres à un attachement sans bornes. Imbus de go-
thiques préjugés, ils ont horreur du plus léger changement;
pour eux, une monarchie absolue est le beau idéal des gouvernemens; ils ont autant d'aversion pour la Charte que pour
la République : aussi Charles X devait être aimé d'eux, puisque son règne leur laissait l'espoir de voir revenir un régime
objet de leurs éternels regrets.

Chez ceux-ci, comme chez nos jeunes républicains, l'erreur est respectable, puisqu'ils croient trouver le bonheur de
leur patrie dans l'accomplissement de leurs vœux; ils ne sont
que fous, ils ne sont point coupables. Il n'en est point de
même à l'égard de ces familiers des Tuileries, parasites de
cour, corrupteurs des peuples, espions des rois, qu'ils abusent et perdent par leurs basses flatteries. Ces êtres méprisa-
bles qui existent aux dépens des princes assez faibles pour
employer leurs ignobles services, sont toujours prêts à de-
venir conspirateurs quand ils ne peuvent plus être espions;
c'est alors qu'ils espèrent voir récompenser leur déplorable
zèle : ceux-là forment la troisième légion de ce triste cortége.
Ensuite arrivent les hommes employés auprès de l'ancienne
cour, ou attachés au service des membres de l'ex-famille
royale, et qui se trouvent sans places; enfin quelques four-
nisseurs brevetés ou protégés par cette famille. Comme de
tous ceux dont nous venons de parler, le nombre en est fort
petit.

En 1831, entendre parler de Bonapartistes, cela est presque incroyable; s'occuper des partisans d'un homme mort
depuis dix ans, paraît inexplicable; néanmoins cela existe;
voyons comment : Nul homme n'eut une carrière plus bril-
lante que Napoléon, nul monarque aussi ne sut mieux faire

aimer le despotisme en le cachant sous les trophées de la gloire : aussi l'on conçoit qu'il dut avoir des partisans nombreux, des admirateurs enthousiastes et des séides dévoués. Son infortune, loin de lui nuire dans l'opinion des Français, fit oublier ses torts, l'agrandit encore aux yeux de ses amis, et toucha les plus indifférens. Il est donc présumable que s'il vivait encore, son nom serait bien redoutable aux princes qui voudraient occuper le trône, qui s'écroula sous le poids de son ambition.

Mais ce que la présence de Napoléon eût pu faire, son nom seul ne saurait le réaliser. En vain, on nous répond qu'il a un fils ; dans un siècle aussi éclairé que le nôtre, dans un moment où nous venons de renverser le principe du droit divin, où nous admettons avec peine l'hérédité monarchique, ce motif seul serait déterminant ? cela est inadmissible. Eh quoi ! parce qu'un homme aura jeté de l'éclat sur notre pays par la force de son génie, vous prétendez que son fils, élevé sur une terre étrangère, éloigné de la France par la distance et par les mœurs, imbu des principes politiques les plus opposé à nos idées et à nos besoins ; jeune, sans expérience, n'ayant jamais donné de preuves de son mérite, ni de son penchant pour ses anciens compatriotes ; vous voulez, dis-je, que cet enfant vienne régner sur la France, parce qu'il est héritier du nom d'un grand homme, cela est absurde.

Quels sont donc les hommes intéressés à faire triompher un pareil système ? Les débris de ces brillantes légions que le vainqueur de l'Europe conduisit tant de fois à la victoire, et qu'il appelait *ses enfans*... Ces vieux guerriers, pour qui la gloire était plus que la vie, semblent survivre à eux-mêmes depuis qu'ils ont perdu leur illustre chef ; ils croiraient le rendre en quelque sorte à la vie, et le retrouver dans son fils ; pour eux, point de bonheur en France sans des jours de combats. D'ailleurs, c'est comme une dette qu'ils veulent acquitter.

Mus par des sentimens moins nobles, viennent aussi ces hommes qui comptent sur une minorité et sur l'accès facile qu'on trouve auprès d'un jeune prince, pour exploiter à leur profit sa faiblesse et son inexpérience, où du moins, comptent obtenir la récompense des efforts qu'ils font pour lui frayer le chemin du trône; ils espèrent en occuper un jour les degrés. Peu leur importe le bonheur de leur pays, ils partageraient entre eux la faveur royale, tout le monde ne serait-il pas heureux!...

Je ne sais si je dois parler de quelques centaines d'individus répartis dans toutes les classes de la société, et pour lesquels le souvenir de Napoléon est un culte : un aigle, une abeille, le mot d'empereur, font battre vivement leur cœur; dans leur fanatique enthousiasme, ils mêlent le nom de Napoléon à leurs vœux pour la liberté, sans songer qu'il fut son bourreau. S'ils oublient cette vérité, la France ne l'oubliera pas. Nous sommes fiers de la gloire de Bonaparte, nous admirons ce qu'il a fait pour notre belle patrie, nous regardons son règne comme la plus sublime page de notre histoire; mais nous ne pouvons oublier qu'il aurait pu nous doter d'institutions libérales, et assurer à jamais la félicité de ses peuples. Le souvenir de Napoléon restera pour servir d'exemple aux rois qui, comme lui, nés d'une révolution, répudieraient leur origine.

J'hésite à parler du quatrième parti qui partage les Français, de celui que j'ai appelé Actualiste. Je sais qu'aux yeux de ses adversaires je vais passer pour un flatteur du pouvoir ou un mendiant de faveurs ministérielles. Afin de détruire bien vite ces soupçons, je m'empresse de déclarer que je ne me constitue pas le défenseur du ministère actuel, que je ne suis même pas partisan de tout son système politique; j'ajouterai que je ne suis attaché à Louis-Philippe ni comme homme ni comme roi, mais comme principe. C'est-à-dire, que je pense que sous son règne, plutôt que sous tous les autres genres de gouvernemens, nous pouvons conquérir les libertés publiques, fonder des institutions libérales sur des bases larges et durables; enfin, voir renaître la prospérité du commerce et de l'industrie, sans laquelle il n'est point de bonheur pour les peuples. Maintenant je crois pouvoir parler avec confiance et franchise des amis de notre monarchie constitutionnelle.

Les Actualistes se composent de la majeure partie de toutes les classes de la société : de tous les amis de la paix, de l'ordre et de la tranquillité; de tous ceux qui, effrayés des horreurs de la guerre civile, du fléau de l'anarchie et des commotions causées par les changemens de gouvernemens, se sont rattachés à Louis-Philippe comme à l'ancre de salut jetée dans la tourmente politique. Ce parti se partage en trois nuances très délicates, il est vrai, mais néanmoins bien distinctes. D'abord ce noyau de partisans de toutes les monarchies passées, présentes et futures; véritables serfs de la royauté, et qui se donnent corps et ame au premier occupant. Ceux-là ne s'inquiètent nullement de la marche que suit un gouvernement; le roi et ses ministres doivent savoir gouverner, c'est leur métier... D'ailleurs peu importe à leurs yeux qu'un cabinet suive telle ou telle route, adopte une politique ou une autre, on doit laisser les gouvernans agir à leur gré; autrement c'est se donner un souci inutile, embarrasser la marche des affaires sans en retirer aucun fruit. Pour eux, l'état de paix est la perfection d'un gouvernement. De pareils hommes sont tant en arrière de la civilisation, que nous ne nous en occuperons pas plus long-temps, ne leur donnant que l'importance qu'ils ont dans la balance politique.

Aussi peu exigeans, mais non par insouciance, d'autres amis prônent et défendent l'ordre actuel; ils regardent notre jeune monarchie constitutionnelle comme l'heureuse alliance des idées modérées de toutes les opinions : point de salut hors la ligne que le ministère semble s'être tracée. Le mieux est l'ennemi du bien, et vouloir plus de libertés que nous n'en avons, c'est tomber dans l'anarchie et la licence; soutenir avec fierté son rang en face des autres nations, c'est provoquer la guerre; demander des améliorations, c'est se montrer ennemi du repos de son pays; vouloir marcher, c'est aller se perdre.

Séduits aussi par les vertus privées de notre roi-citoyen, ils considèrent comme un crime de lèse-majesté, le soupçon qu'il pût jamais oublier ses promesses, se laisser entraîner hors du chemin qu'il a juré de suivre. Enfin ils s'attachent trop à l'homme et ne cherchent point assez le souverain. Ils poussent si loin ce sentiment, qu'ils n'admettent point que le monarque puisse se tromper jamais dans le choix de ses conseillers; chez eux la crainte domine tous les autres sentimens, dirige leurs actions, dicte leur langage, et à leur insu inspire leurs pensées. Ces hommes, s'ils étaient abandonnés à eux-mêmes, deviendraient aussi dangereux que les rêveurs d'utopies et les ambitieux intrigans.

La dernière nuance d'opinion qui, suivant moi, est la meilleure, a pour base le gouvernement représentatif, c'est-à-dire pour chef, un roi élu par le peuple; pour loi fondamentale, une Charte; une Chambre des députés, nommés par les principaux citoyens; une Chambre des pairs non héréditaires, mais inamovibles, des ministres responsables, la liberté de la presse et de l'enseignement; le juri et la liberté des cultes, avec une égale protection.

Notre jeune monarchie compte dans ses rangs les partisans de cette opinion; mais ils ne s'y rangent pas en aveugles, ils ne se dévouent point en esclaves; ils crient, *vive le Roi*, jamais *vive le Roi quand même!*... Pour eux, le roi n'est rien sans les principes dont il tient la couronne. Ils ne s'interdisent pas le droit de juger; ils ne s'engagent pas, surtout, à adopter tous les ministres du prince, à suivre tous leurs systèmes, à appuyer leur politique sans restriction. Par exemple, en ce moment, ils abandonneraient et combattraient les conseillers de la couronne, si un sentiment indigne des Français, la peur, les faisait reculer devant une guerre nécessaire à l'honneur de la France. S'ils sacrifiaient les intérêts du pays à des intérêts particuliers. Enfin s'ils s'éloignaient de l'esprit de notre glorieuse Révolution, et s'ils oubliaient l'origine de leur élévation.

Mais jusqu'à présent, nous ne pouvons croire que des hommes qui combattirent quinze ans dans les rangs de l'opposition, qui firent leur étude constante de l'histoire des gouvernemens, qui travaillèrent si long-temps à conquérir nos libertés, puissent oublier qu'il n'y a de bonheur durable que sous un régime franchement constitutionnel. Plus loin de nous encore la pensée qu'ils veuillent nous trahir et se perdre eux-mêmes, en relevant ce qu'ils ont renversé. Cette idée est absurde, révoltante, impossible...

On se tromperait grossièrement, si l'on croyait que ceux qui partagent notre opinion, soient ennemis des progrès et des améliorations ; ils les appellent de tous leurs vœux, ils les hâtent de tous leurs efforts, mais ils comptent le temps pour quelque chose dans la marche des événemens ; ils ne demandent pas en un jour, ce qu'on ne peut obtenir qu'en un siècle ; enfin ils tiennent à ce qui existe, et aiment mieux perfectionner que détruire. Voilà ce qui les distingue de leurs adversaires.

D'après cet examen que je crois aussi exact qu'il est consciencieux, on peut affirmer que le gouvernement actuel a pour lui la majorité des Français ; mais que le ministère ne s'y trompe pas, cette majorité lui est attachée, plus par espoir que par reconnaissance. Elle voit la possibilité d'un bien-être réel, mais elle ne le possède pas. Elle tient compte au pouvoir des efforts qu'il fait pour ramener la prospérité dans un pays ébranlé par une secousse si violente, qu'elle renverse les trônes les plus lointains ; mais elle pense qu'on peut faire mieux encore.

Au mois d'août 1830, tous ces partis existaient, et cependant ils ne se montraient point ; on ne peut donc attribuer leur apparition qu'à la politique tortueuse et irrésolue du ministère. Je n'ai point la prétention de me croire plus habile que tous nos hommes d'état ; je n'entreprendrai pas de leur tracer une nouvelle ligne de conduite. Néanmoins, usant du droit que possède tout Français, remplissant le devoir d'un bon citoyen, je leur dirai : « La force de la France gît dans « son indépendance, son besoin est une sage liberté, son « désir ardent, c'est la gloire. Entendez donc sa voix : Affran- « chissez-la du joug secret de l'influence étrangère ; accordez-

« lui les institutions qu'elle a su conquérir ; faites la guerre,
« si la guerre est nécessaire à son repos ou à son honneur, et
« ne craignez pas qu'elle se laisse entraîner dans des excès :
« l'instinct de sa conservation l'éclairera, elle s'arrêtera à
« temps. La licence produit l'anarchie, des guerres prolon-
« gées causent la ruine des États, le peuple le sait, le peuple
« ne se suicidera pas.

« Au moins, vous aurez prouvé à la France que vous
« voulez son bonheur avant tout, que vous sympathisez avec
« elle, que vous êtes jaloux de sa gloire, que vous avez rompu
« tout pacte avec les vieilles idées ennemies de notre glorieuse
« Révolution, qu'aucune arrière-pensée coupable ne vous
« préoccupe, enfin que vous êtes aussi des hommes de Juillet.
« Alors vous serez inébranlables sur vos siéges, comme Louis-
« Philippe sur son trône : les partis s'agiteront encore, mais
« vous aurez pour vous la nation.

FIN.